199 oraciones de aliento para tiempos difíciles

Cuando no sabes qué orar

BARBOUR
ESPAÑOL
Un Sello de Barbour Publishing

I0813441

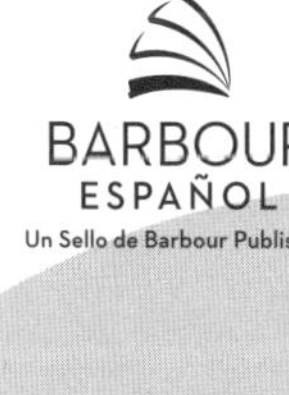

© 2025 por Barbour Español

ISBN 979-8-89151-208-5

Título en inglés: *199 Oraciones de aliento para tiempos difíciles*

© 2021 por Barbour Publishing, Inc.

Todos los derechos reservados. Ninguna parte de esta publicación puede ser reproducida o transmitida con propósitos comerciales, sin permiso escrito de la editorial. Los textos reproducidos no podrán ser usados en sitios de la Web en el ámbito mundial. Ningún contenido publicado por Barbour puede ser usado como data para entrenamiento de máquinas de inteligencia artificial o el desarrollo de cualquier otro programa similar.

Las iglesias y otras entidades con intereses no comerciales pueden reproducir parte de este libro sin autorización escrita expresa de Barbour Español, siempre que el texto no exceda las 500 palabras y que no sea material citado de otra editorial. Cuando se reproduzca el texto de este libro, deben incluirse las siguientes líneas de crédito: «De *199 Oraciones de aliento para tiempos difíciles* publicado por Barbour Publishing, Inc. Utilizado con permiso».

Texto bíblico tomado de la Santa Biblia, Nueva Versión Internacional ® NVI® Copyright © 1986, 1999, 2015 por Biblica. Inc.® Usada con permiso. Reservados todos los derechos a nivel mundial.

Publicado por Barbour Español, un sello de Barbour Publishing, Inc., 1810 Barbour Drive, Uhrichsville, Ohio 44683, www.barbourbooks.com.

Desarrollo editorial: Semantics, Inc. Semantics01@comcast.net

Nuestra misión es inspirar al mundo con el mensaje transformador de la Biblia.

Impreso en China.

Depositen en él toda ansiedad,
porque él cuida de ustedes.

1 Pedro 5.7 NVI

La oración no quita milagrosamente los problemas de la vida. No es una fórmula mágica que haga desaparecer nuestros problemas. Jesús mismo pidió en oración librarse de la cruz y, sin embargo, también en la oración, aceptó que esa era la voluntad de Dios para Él. El apóstol Pablo oró para ser liberado de «su espina en el cuerpo», pero, cuando Dios no le quitó ese problema de su vida, Pablo permitió que Dios lo usara para hacerlo más fuerte. La oración era el método de lucha que tanto Jesús como Pablo tenían contra sus reacciones emocionales ante las dificultades de la vida. Les permitía transformar el significado de sus circunstancias, de modo que lo que era una crisis se convertía en una oportunidad para la creativa obra de Dios.

La oración puede hacer eso mismo por nosotros. Al abrirnos al Espíritu de Dios, lo veremos obrar a través de nosotros y en nosotros. La oración nos traerá paz incluso en medio de los momentos más difíciles.

Usa estas oraciones de aliento como punto de partida para tus propias oraciones. Muchas de ellas se basan en la Biblia. ¡Todas ellas pueden servir para «iniciar una conversación» entre tu corazón y el de Dios!

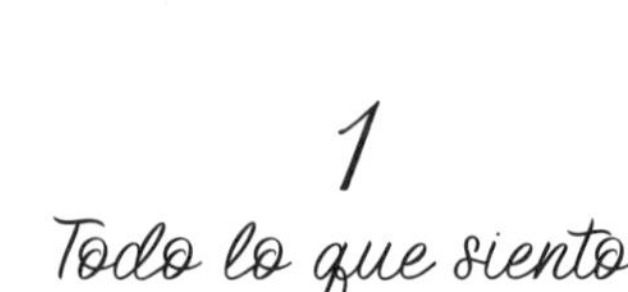

1
Todo lo que siento

Jesús, necesito tu ayuda. Me cuesta hasta describir todo lo que siento. Estoy abrumada, decepcionada, agotada y ansiosa, pero te lo entrego todo a Ti. Gracias porque ahora mismo estás a la diestra de Dios, intercediendo por mí en oración (Hebreos 7.25). Dame de tu gracia, y ayúdame a extenderla a los demás, sobre todo a los que forman parte de mis problemas.

2

Pleitos

Padre, la presión y la incertidumbre de este pleito me están aplastando el espíritu y enfermando el cuerpo. Estoy tratando de representarte bien a Ti al afrontarlo, pero creo que el caso no tiene recorrido judicial. Por favor, haz que lo desestimen. Hazlo como Tú elijas. Tú eres mi fuerza y mi escudo (Salmos 28.7), y dijiste que ningún arma forjada contra mí prevalecerá (Isaías 54.17).

3

Consuelo en la aflicción

Bendito seas, Dios, Padre de mi Señor Jesucristo, porque Tú eres un Padre misericordioso y Dios de todo consuelo. Tú me consuelas en todas mis aflicciones, incluida esta depresión que me atenaza. Úsame algún día para consolar a los que están pasando por algo similar. Que yo transmita el consuelo que me das ahora (2 Corintios 1.3-4).

4

Esperar con paciencia

Espero pacientemente en Ti, Señor. Sé que Tú te inclinarás hacia mí y escucharás mi clamor. Tú me sacarás del pozo de la fosa fatal, de este lodo de depresión en que estoy atascada. Tú pondrás mis pies sobre la roca, y harás que mis pasos sean firmes. Y entonces pondrás en mi boca un cántico nuevo, un himno de alabanza a Dios. Muchos verán lo que has hecho por mí, y también ellos pondrán su confianza en Ti (Salmos 40.1-3).

5

Fuera del pozo

He estado aquí antes, Dios. Deprimida. Sé que la última vez llegó el día de resplandecer. Me sacaste del pozo. Quitaste el velo y revelaste de nuevo la alegría... lentamente al principio, y luego llegó el día en que apenas podía recordar ese estado depresivo tan prolongado. Bendíceme de nuevo con la recuperación. Sana mi mente y mi corazón, te lo ruego.

6

Cuando fracaso

Quiero tener éxito. ¿Y quién no? Quiero hacerlo bien en mi carrera y ascender. Quiero ser una buena amiga y compañera de trabajo. Sin embargo, fracaso. He decepcionado a muchos. Incumplo plazos. No doy la talla. Recuérdame que Tú no me amas menos cuando fracaso que cuando salgo victoriosa. Gracias por tu amor incondicional, Dios.

7
Perspectiva financiera

Jesús, protege mi corazón de servirme a mí con mi dinero en lugar de a Ti. Tú dejaste claro que esperas un rendimiento de tu inversión en nosotros (Lucas 19), lo que demuestra que el dinero puede servir para obtener beneficios sin codicia. Quiero usar lo que Tú me das para bendecir a mi familia y a mi comunidad, para traer personas a tu reino, y para hacer que mis finanzas sean parte de mi testimonio para tu gloria.

8

Cambiar para bien

Dios Creador, a menudo pongo la mirada en cómo quiero que cambien los demás. Oro por ellos, les insisto, los sermoneo, les suplico, intento manipularlos. Al final, nada de esto sirve de mucho. Mejor, Dios mío, muéstrame Tú dónde necesito *yo* cambiar. Me pongo en tus manos. Estoy dispuesta a que Tú hagas lo que sea necesario para sanar mis relaciones.

9

Él es suficiente

Señor, estoy descubriendo que cuando llego al punto en que no me queda nada más que Tú, por fin puedo darme cuenta de que solo Tú eres suficiente. En esta vida no serán respondidas todas mis preguntas. Puede que mis circunstancias no mejoren. Tendré que renunciar algunas de las cosas en las que puse mi corazón. Pero nada de eso importa. Tú eres la fuerza de mi corazón y mi porción para siempre.

10

Cuidado de una misma

Recuérdame, Padre celestial, que incluso en medio de mi dolor debo cuidar de mí misma. Es difícil ocuparme en este momento. Nada parece importar demasiado. Pero sé que los demás me necesitan, incluido Tú (y *yo*, por muy gracioso que suene). Ayúdame a dedicar tiempo a comer sano. Concédeme el don del sueño y la relajación. Recuérdame que haga ejercicio, aunque no sea más que un paseo.

11

Él está aquí

Tú eres mi refugio y mi fortaleza, mi segura ayuda en momentos de angustia. Por eso, no temeré, aunque se desmorone la tierra y las montañas se hundan en el fondo del mar (Salmos 46.1-3). En medio de todos estos desafíos, sé que Tú estás conmigo.

12

Cuando llega la muerte

Tú moriste, Jesús. Moriste en la cruz. Tú moriste, igual que yo me estoy muriendo ahora aquí. Exhalaste tu último aliento, como yo lo haré pronto. Pero ¡aleluya!, ¡no te quedaste en la tumba! Gracias a tu muerte, mi pecado fue perdonado y fui reconciliada con Dios. Gracias por morir por mí para que yo tenga vida eterna.

13

La montaña rusa del duelo

El duelo es como una montaña rusa, Padre, y estoy muy cansada de ella. Quiero olvidar. Quiero salir de este tumultuoso ciclo de altibajos. Pero sé que no es sano callar mis emociones. Debo superar esto. ¿Me acompañas? ¿Te sientas a mi lado para que pueda aferrarme a Ti en mi temor? Te necesito, Padre, mientras paso por este profundo período de dolor.

14

Esperanza por encima de todo

Hoy te pido que cada vez que empiece a pensar en lo que *no puedo* hacer, Señor, me traigas a la mente algo que *sí puedo.* Aún puedo hacer muchas cosas pese a mi enfermedad. Puedo orar. Puedo animar a alguien por teléfono. Puedo hacer algunas cosas aunque no pueda salir de casa. Como sustituir mis pensamientos negativos por otros esperanzadores y positivos. Sí. Sí puedo. Sí que puedo.

15

Luchando por creer

Dios, perdóname por dudar de Ti. No quiero ser como Tomás, que exigía pruebas palpables. Quería ver las cicatrices de los clavos en tus manos antes de creerte. A veces me siento así, deseo que bajes aquí y converses conmigo un rato, y me asegures que tienes mi futuro bajo control. Tu Palabra me da todas las promesas que necesito. Ya lo sé. Quiero creer. ¡Ayúdame en mi falta de fe! (Marcos 9.23-24).

16

Celebrar con los demás

Señor, Tú conoces los deseos de mi corazón. Ayúdame a alegrarme por los demás cuando tienen éxito o son recompensados o bendecidos. No haber cumplido todos los anhelos de mi vida no es motivo para amargarme por las victorias de los demás. Ayúdame, Padre, en mi lucha contra la envidia.

17

Confianza frente a preocupación

Señor, tiendo a preocuparme mucho. Me preocupo por mi familia y mis amigos. Me preocupa el futuro porque hay muchas incógnitas. Sé que en mi ansiedad peco porque no confío en Ti. Por favor, cambia mi miedo por fe. Ayúdame a confiar en Ti cuando empiece a preocuparme sin necesidad.

18

Sueño tranquilo

Padre, necesito que tu paz guarde mi corazón y mi mente (Filipenses 4.7). Necesito que me ayudes a controlar mis emociones. Cuando estoy cansada se descontrolan. Ayúdame a dormir. Un sueño reparador marca una gran diferencia en mí a la hora de afrontar las pruebas diarias. Soy mejor persona cuando duermo. Por favor, permíteme hallar paz y dormir bien esta noche cuando mi cabeza toque la almohada.

19

La armadura de Dios

Señor, hazme fuerte en tu poder. Ayúdame a ponerme toda tu armadura, para que pueda resistir las artimañas del diablo. Sé que, en definitiva, se trata de una situación espiritual. No estoy lidiando con personas de carne y hueso que quieren hacerme daño, sino con las fuerzas espirituales del mal. Permíteme tomar el escudo de la fe, para que pueda mantenerme firme, incluso ahora. Cúbreme de verdad y justicia (Efesios 6.10-18).

20

Generosidad

Jesús, no permitas que esté tan preocupada por mis propios problemas económicos que me olvide de que hay otros en necesidad. Tú nos dijiste en tu Palabra que es más bienaventurado dar que recibir, así que no quiero olvidarme de dar. Incluso ahora que no tengo dinero para compartir, muéstrame que aún tengo mucho que dar. Permíteme ser generosa con mi tiempo y mi energía; muéstrame cómo puedo tender la mano y ser útil a los demás.

21

¿Cómo puedo perdonar?

Dios, yo me mantuve fiel a mi pareja, pero mi cónyuge me fue infiel. ¿Cómo puedo perdonar? ¿Cómo puedo volver a confiar? ¿Cómo puedo reconstruir este matrimonio roto? Señor, dame sabiduría para afrontar el futuro. Muéstrame tu camino. Sana mi corazón.

22

La adicción de un ser querido

No puedo cambiar a mis seres queridos, Dios, por mucho que lo desee. Solo Tú puedes hacerlo. Sabes cuánto me duele esta adicción en la vida de mi ser querido, cuánto desearía poder hacer algo, lo impotente que me siento. Te entrego mis sentimientos. Te entrego a mi ser amado. Te entrego toda esta situación a Ti. Confío en Ti para que traigas tu poder sanador a la vida de mi ser querido.

23

Confianza en el perdón

Estoy muy avergonzada por mi pecado, Señor. Lo tengo siempre delante de mí. Por favor, recuérdame que cuando te pido que me perdones, Tú eres fiel para hacerlo. No tengo que ir por todas partes con la cabeza agachada. Puedo mantenerme erguida. Soy justificada por la muerte de mi Salvador en la cruz por mí. Mi pecado es perdonado, y puedo caminar con confianza como hija del Dios vivo.

24

Quién soy por dentro

Dios, Tú no miras la apariencia, sino el corazón. No te preocupa mi altura ni mi peso. No ves como ven los hombres. Tú ves quién soy por dentro. Recuérdame que mi corazón es lo que más importa. Gracias por amarme como me amas, Señor.

25

Cuando mis palabras no honran a Dios

Que las palabras de mi boca te sean agradables. Tengo luchas con esto. Muchas veces, cuando estoy cansada y estresada, no hablo a los demás de una manera que te honre, Dios mío. Ayúdame a contar hasta diez en esos momentos y a susurrar una oración. Ayúdame a recordar que mi lengua tiene el poder de levantar o derribar a otros. Quiero honrarte con mi forma de hablar en cada situación.

26

La codicia disfrazada de bondad

Señor, mi codicia se ha disfrazado de bondad, pero todo lo que adquiero me deja insatisfecha, y me doy cuenta de que eso no es lo mejor para mí. Me he encontrado pensando: *Me merezco eso* o *Si no consigo esto, me estaré perdiendo algo*. Perdóname por verte como mi genio de la lámpara y no como mi Dios. Quiero honrarte dando buen testimonio de Ti en cada parte de mi vida, sobre todo en mis finanzas.

27

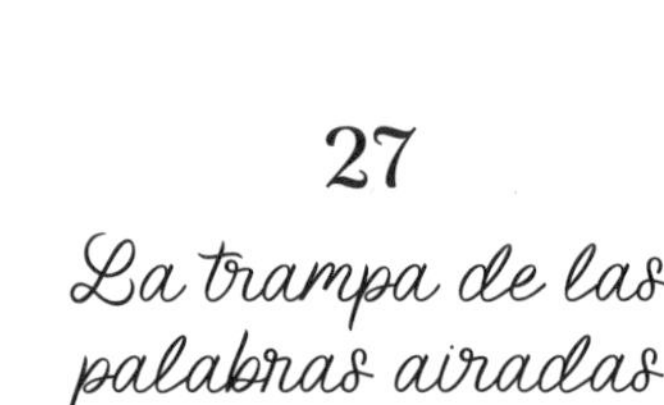

La trampa de las palabras airadas

Padre, estoy intentando pensar en alguna ocasión en la que haya ganado a alguien con palabras airadas y duras en una discusión. Y no puedo. Puede que haya dejado claro mi punto de vista, pero he perdido la confianza y la oportunidad de honrarte. Perdóname por todas las veces que he intentado defenderme a mí misma o a Ti sin necesidad, o que he antepuesto un principio a una persona, o la rectitud a la relación. No permitas que mis ofensas superen a la verdad del evangelio.

28

Perdonar las ofensas familiares

Dios, ayúdame a ponerte a Ti por encima de mi familia. La familia es importante, pero sé que Tú lo eres aún más. Cuando deje de encontrar mi valor en lo que mis parientes piensan de mí, tal vez me libere para amarlos y perdonar las heridas que me han causado. Ayúdame a encontrar mi identidad en Ti.

29

Jesús comprende mi dolor

Jesús, Tú fuiste plenamente hombre, así como plenamente Dios. Viniste a la tierra y viviste como uno de nosotros. Puedo recurrir a Ti incluso cuando no hay nadie cerca, incluso cuando nadie te comprende. Has experimentado un gran dolor. Te clavaron en la cruz y diste tu vida por mí. Tuviste una muerte dolorosa. Gracias por ser mi Salvador y Amigo. Gracias por estar ahí para mí cada día y por acompañarme en este dolor.

30

Recordar su ayuda

Padre celestial, miro atrás y veo el dolor, pero también tu provisión. Veo cómo me sacaste del ayer y me trajiste al hoy, Padre. En la Biblia, tu pueblo construyó altares como recordatorios. Yo recuerdo en este momento las formas en que Tú me has rescatado. Te doy gracias por las personas que me han ayudado. Leo en tu Palabra sobre tu gran amor por mí. Continúa sanando mi corazón, te lo ruego, de maneras que solo Tú puedes.

31

Satisfacción y descontento

Son las circunstancias las que dictan mi nivel de satisfacción. No debería ser así, pero, sinceramente, así es. Cuando ocurren cosas buenas, soy una cristiana feliz, que te alaba en la iglesia y canta y ora toda la semana. Cuando llegan tiempos difíciles, te culpo a Ti. Te pregunto dónde estás. Te doy la espalda. Es curioso que, cuando vuelvo, siempre estás ahí. No te has movido. La inconstante soy yo. Crea en mí un espíritu más satisfecho para que pueda serte fiel sin importar mi situación o mi posición en la vida.

32

Él siempre está cerca

No me dejarás. Me has llamado por mi nombre. Me llamas tuya. Cuando pase por aguas profundas, no dejarás que me ahogue (Isaías 43.1-5). La soledad me abruma, pero Tú sigues aquí conmigo. No apartas la mirada. Nunca te apartas. Tú eres mi Dios, siempre cerca. Muchas gracias por eso.

33

Hijos pródigos

Jesús, Tú contaste la historia del hijo pródigo. Imagino al padre mordiéndose la lengua, luchando contra el impulso de decirle a su hijo el terrible error que estaba cometiendo. Lo dejó ir. Dame la gracia de dejar que mis hijos sigan su propio camino. Ahora son adultos y deben tomar sus propias decisiones.

34

Frente a los leones

Dios mío, apareciste para estar con Daniel en el foso de los leones. En mi propia vida has demostrado una y otra vez que siempre vienes por tus hijos. Sabes lo que necesitamos y cuándo lo necesitamos. Esta vida es una travesía, y una lección sobre la confianza. Ayúdame a ser una estudiosa que aprenda las lecciones pronto para no pasarme los años preocupándome.

35

Hazme completa

Señor, sé que soy preciosa a tus ojos. Me ves con belleza y sin mancha. Ayúdame a mantener la cabeza alta, sabiendo que soy tu hija. Llévate mi vergüenza. Sana mis recuerdos heridos. Crea algo nuevo dentro de mí. Confío en Ti para hacer lo que parece imposible. Hazme completa de nuevo, te lo ruego.

36

Hacer la paz

Quiero dar fruto para Ti en este mundo, Padre. Sé que si no paso tiempo en oración cada día, pierdo de vista mi propósito en este mundo. Debo darte gloria y llevar a otros a conocerte como su Salvador personal. ¿Cómo puedo hacerlo si estoy siempre mal con quienes me rodean? Ayúdame a amar a quienes Tú has colocado en mis círculos de influencia. Quiero que se me conozca por ser una pacificadora.

37

Ausencia de un progenitor

Padre, estoy agradecida por los recuerdos, pero hoy me traen poco consuelo. En realidad, duelen. Extraño a mi padre. Añoro todos los momentos felices. Oro por volver algún día a disfrutar de los recuerdos sin el dolor. Llévame a través del dolor al otro lado, te lo ruego.

38

Deuda

Dios, te entrego a Ti mis finanzas. Debería haberlo hecho hace mucho tiempo. Pensé que tenía esa cuestión bajo control, pero no era así. Empezó a escaparse poco a poco de mis manos, y aquí estoy, con una deuda que me está engullendo no solo a mí, sino a mi familia conmigo. Perdóname y ayúdame, Dios. Te lo entrego todo a Ti, y te pido que me ayudes a arreglarlo y a ser más responsable en cuanto a mi economía en el futuro. Quiero que nuestra familia te honre en todos los ámbitos, incluidas las finanzas.

39

Aun si...

Dios mío, sé que hay una cosa que nunca cambiará. Tú nunca me dejarás. Aun si cambio de trabajo... aun si tengo que mudarme al otro lado del país... aun si me abandonan los demás... aun si caigo enferma o incapacitada y no puedo vivir como solía... Tú estarás ahí. No me dejarás ni me abandonarás (Deuteronomio 31.8). Me consuela mucho tu fidelidad y lealtad, Padre celestial.

40

Una buena noche de descanso

Amado Dios, quiero acostarme y dormir en paz. Quiero creer que Tú me mantendrás a salvo (Salmos 4.8). Sobre todo, quiero cerrar los ojos y dormirme. Es un objetivo que a mí me parece inalcanzable, aunque a otros les resulte muy natural. Te ruego que me concedas un buen descanso esta noche.

41

Ojalá

Lamento profundamente cómo acabaron las cosas. Ojalá pudiera volver atrás las manecillas del tiempo y cambiar mis acciones y contener mi lengua. Ojalá pudiera tomar decisiones diferentes. Ojalá... pero podría seguir con los ojalás y nada cambiaría. Una vez oí decir que si pasamos demasiado tiempo en el pasado, nos perdemos el presente y no tenemos futuro. ¡No quiero que me pase eso, Dios mío! Ayúdame a soltar el pasado y a aferrarme al futuro que Tú tienes reservado para mí. Quiero ser usada de una manera poderosa para tu reino.

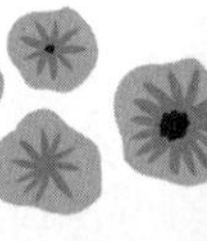

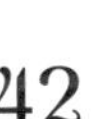

42

Confianza en Cristo

Dios, quiero cambiar mi baja autoestima por la propia de un miembro de Cristo. Haz que confíe en lo que soy por medio de Cristo. Yo lucho con oscuros poderes espirituales de maldad, pero Tú eres más grande (Efesios 6.12). Haz que recuerde mi salvación y mi gran valor en Cristo Jesús.

43

Resolución de conflictos

Dios, recuérdame que el sol no debe ponerse sobre mi enojo. Ayúdame a no irme a dormir alimentando un rencor que atormentará mi sueño y se levantará conmigo por la mañana. En cambio, haz que valore mis relaciones lo suficiente como para comprometerme a resolver los conflictos que surjan. Sé que quieres que vivamos en armonía.

44

Depender del amor de Dios

Cuando todo va bien, no tengo tanta ansiedad, Señor. Siento que tengo el control. Tengo una sensación de seguridad estable. Pero cuando me siento amenazada o abrumada, empiezo a sentir ansiedad. Usa mi ansiedad, Señor, para recordarme que dependo de tu amor. Haz que cualquier temor persistente sea un estímulo que me dirija hacia Ti y hacia tu fuerza.

45

Sana mi corazón roto

Jesús, sé que viniste a sanar a los quebrantados de corazón. Sana mi corazón roto, te lo ruego. Has venido a liberar a los cautivos. Libérame del abuso. Has venido a sanar a los heridos. Te pido que sanes las cicatrices del abuso en mi corazón, en mi mente y mis recuerdos, y en mi vida. ¡Por favor, rescátame!

46

Protección de Dios

Señor, Tú proteges a tus hijos como la gallina protege a sus polluelos (Salmos 91.4). No tengo motivos para preocuparme o temer. Siempre estás conmigo, velando por mí y trazando mi camino paso a paso. Tú haces que pueda lidiar con cualquier cosa que me pidas. Tú me creaste y me conoces mejor que yo misma. Confío en Ti, Señor.

47

Asumir la responsabilidad

Dios, parte de esto no es culpa mía. Ayúdame a ver de qué parte sí debo asumir responsabilidad y a hacer los cambios necesarios. Quiero que esta relación sea mejor, pero sigo haciendo y diciendo las mismas cosas. No basta con querer. Debo pasar a la acción. Guíame, te lo ruego, y ayúdame a ver cuál es mi parte en todo esto para que pueda cambiarlo.

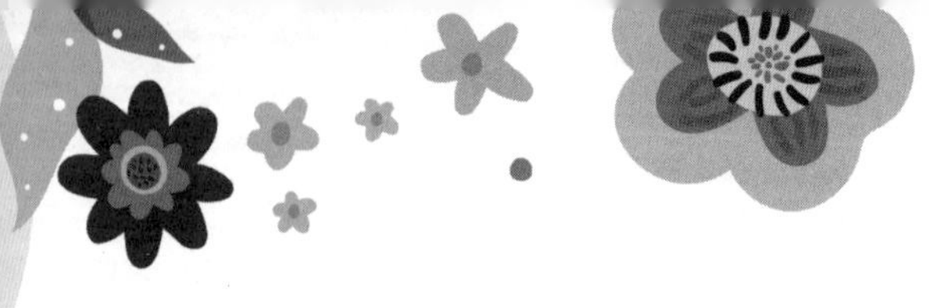

48

Él me conoce

Alguien me conoce por completo. Tú me entretejiste en el vientre de mi madre. Pero he caminado por esta vida con solo un atisbo de quién eres. Mi humanidad me impide tener un conocimiento completo. Hay cosas secretas que simplemente no se pueden entender en esta vida. ¡Se acerca el momento de conocer a fondo! Conoceré por completo, tal como soy plenamente conocida. ¡Lo estoy deseando, Señor (1 Corintios 13.12)!

49

El peso del dolor

Dame un corazón alegre, Señor Jesús. Un corazón alegre hace un rostro alegre. Llevo demasiado tiempo agobiada por la tristeza. Mi espíritu está aplastado por el intenso arrepentimiento por lo que he hecho. Anhelo volver a ser feliz (Proverbios 15.13).

50

Pedir a Dios que se haga cargo

Hoy oro para que Tú vayas delante de mí. En cada momento de debilidad, te pido que te presentes para darme una fuerza sobrenatural. Donde estoy fracasando, trae éxito. Donde estoy perdiendo el control, tómalo Tú. En mi desánimo, levántame. Confiaré en Ti.

51

Acercarse a Dios

Recuerdo haber aprendido en la escuela que el cerebro debe experimentar retos, de lo contrario deja de desarrollar nuevas dendritas. Supongo que la vida espiritual también es así. Tiendo a acercarme más a Ti en los momentos de prueba. Cuando la vida transcurre con normalidad, a menudo me alejo de Ti. Cuando me enfrento a un reto, corro a tu lado. Soy más fiel en la oración. Te busco en tu Palabra, y camino más cerca de tu lado. Los retos pueden ser realmente positivos en mi vida.

52

Vuelve a poner el foco en Él

Vengo ante Ti, Señor, y reconozco que no estoy muy bien. Tengo estrés, exceso de trabajo y cansancio, mucho cansancio. En momentos así es cuando vuelvo a poner el foco. Te encuentro ahí. Tú nunca te moviste. Fui yo quien se fue a la deriva. Levanto la vista y encuentro el rostro de mi Padre sonriéndome. Me ofreces un yugo fácil. Lo acepto, Abba Padre. Descansaré en Ti.

53

Soledad

Dios, me siento sola. Hay muchas cosas que quiero hacer, pero a menudo no se me ocurre nadie que quiera ir a hacerlas conmigo. Anhelo tener una buena amiga. Por favor, ayúdame a encontrar una nueva amiga cristiana. Recuérdame, oh Padre, que aunque tenga cientos de amigos, te necesito a Ti más que a nadie.

54
Orar por los enemigos

Jesús, ayúdame a combatir el mal con el bien. Dame la fuerza para respirar hondo y mostrar amor incluso a los que no son fáciles de amar. He leído que Tú pediste al Padre que perdonara a los que te crucificaron. Eso me parece increíble, pero yo también estoy llamada a amar a mis enemigos y a orar por ellos. Ayúdame, te lo ruego.

55

El aguijón de la traición

Aquí estoy sentada, dolida e incrédula. La traición escuece. Tú conoces el aguijón de la traición. Pedro te negó tres veces antes de que cantara el gallo. Dijo que nunca se apartaría de Ti y, sin embargo, te negó. Recuérdame que en nuestra humanidad somos débiles. Dame un espíritu perdonador para que pueda perdonar a los que me han traicionado.

56
Amargura

Señor, estoy amargada por una situación. Tú conoces a todos los protagonistas y la trama de la historia. Tú conoces los detalles antes de que yo te los exponga. Por favor, calma mi espíritu y dame la capacidad de dejarlo ir. Si me aferro a esto y le doy vueltas día y noche, me hago más daño a mí que a nadie.

57

Oración por mi hija descarriada

Esta hija es tuya, Dios. Tú me bendijiste con ella y yo te la entregué a Ti. Te la confié a Ti todos estos años. ¿Por qué iba a intentar recuperarla ahora? Conoces a mi hija mejor que yo, mejor que ella misma. Por favor, protégela. Por favor, guíala de vuelta al camino correcto.

58

Las exigencias de la vida

Estoy muy abrumada por tantas exigencias que me impone la vida. Antes de empezar la jornada laboral, haré una pausa y pasaré tiempo contigo. Elijo ponerte a Ti primero. Elijo descansar en Ti para que bendigas el trabajo de mis manos. Te necesito, Dios.

59

Un movimiento difícil

Ayúdame a ser positiva sobre esta nueva circunstancia, Señor. Aunque las circunstancias no sean las ideales, ayúdame a confiar en Ti. Necesito ser fuerte para los demás que me buscan para que les dé fuerzas en esta nueva situación, Señor. Por favor, dame una sonrisa y un semblante que muestren esa confianza que solo puede venir de Ti.

60

Pérdida de una relación

Te necesito, Dios. No puedo pasar por esto en soledad. Estoy de luto por una persona viva. Es más difícil, creo, que llorar a los muertos. Esta persona ya no forma parte de mi vida, pero yo no elegí eso. Simplemente debo aceptar la decisión que la otra persona ha tomado y pasar por el duelo resultante. No puedo controlar todas las pérdidas de mi vida. Camina junto a mí, Dios mío. Podemos pasarlo juntos. Puedo si Tú te quedas conmigo y me aseguras que nunca me dejarás.

61

El dolor más profundo

Jesús, mi propia familia me ha herido tan profundamente. No me apetece perdonar, pero sé que es lo que Tú mandas. Sé que debo perdonar setenta veces siete. Sé que no puedo sanar a menos que esta guerra dentro de mi familia se detenga. Por favor, guíame para contribuir a que cese. Tiene que ser pronto, Señor.

62

Cuando mi actitud no cambia

Dios, sé que el contentamiento comienza con un cambio de actitud. Yo no lo he conseguido. A veces veo destellos de ello, pero mi perspectiva general es sombría, no luminosa. Necesito encontrar un lugar de satisfacción. Muéstrame el camino. Parece tan abrumador, tan fuera de nuestro alcance. Enséñame qué pequeño paso puedo dar hoy para tener más contentamiento.

63

Camina conmigo, Señor

Padre celestial, los retos a los que me enfrento no los tengo solo yo. No hay nada extraño en enfrentarse a pruebas y dificultades. Los creyentes han atravesado situaciones difíciles por generaciones. No debo sorprenderme cuando se me presenta una prueba (1 Pedro 4.12). Así como has estado con los seguidores de Cristo en el pasado, acompáñame ahora, te lo ruego. Camina conmigo, Señor. Llévame en tus brazos. Necesito tu ayuda.

64

Espero entender

Jesús, Tú sanaste a los enfermos. Hiciste caminar a los cojos. Sanaste de sus manchas a los leprosos. No entiendo por qué no me sanas de la misma manera. Sé que hay cosas que no entenderemos hasta que lleguemos al cielo. Por favor, consuélame mientras espero entender tus caminos.

65

Oración por mis padres ancianos

Padre, te ruego que les des momentos luminosos a mis padres hoy. Aun cuando sus cuerpos empiezan a fallarles, sé que Tú sigues siendo fiel y verdadero. Dales vecinos que se preocupen por ellos y momentos alegres, como ver pajarillos por la ventana de la cocina, detalles que los animen a lo largo del día. Gracias, Señor, por amar a mi mamá y a mi papá.

66

Llévame hoy en tus brazos, Señor

Dios mío, son días difíciles. Me despierto con el sol brillando tras mi ventana, y me pregunto cómo puede estar tan soleado y bello afuera cuando me siento tan triste y enferma por dentro. Sé que puede llevar tiempo, pero te pido que restaures en mi corazón la sensación de alegría. Señor, ¿me llevas en tus brazos hoy? ¿Quieres recordarme, por favor, que estás muy cerca de mí y que no me has dejado ni me dejarás nunca?

67
La voz del pastor

Conozco la voz de mi Pastor. Llevo muchos años escuchándola. Me siento llamada de una manera que nunca creí posible a escuchar esa voz y buscar orientación solo de quien mejor me conoce. Dame gracia para el momento, y la sanidad y el poder para superar esto, Señor.

68

El precio del amor

Dios, sé que este dolor es el precio que pago por haber amado con todo mi corazón. No me arrepiento de haber amado a mi hijo con el amor que solo un padre puede dar. Lo volvería a hacer aunque supiera que iba a terminar. Lo amaría igual. Me derramaría de la misma manera. Cuánto extraño el privilegio de criar a mi hijo. Abrázame, Padre, en mi duelo por profunda, profundísima pérdida.

69

Recuerdo a mi padre

Querido Dios, soy quien soy en gran parte gracias a mi padre, y ahora me falta esta persona tan vital. Ayúdame a recordar todas las lecciones que aprendí simplemente viviendo junto a él tantos años. Ayúdame a olvidar lo malo y a aferrarme a lo bueno. Ayúdame a honrar la memoria de mis padres siendo un hermoso legado suyo en este mundo.

70

Por favor, cambia lo que yo no puedo cambiar

Desearía poder mover una varita mágica y hacer que mi ser querido se aleje de esta adicción. Siento que tengo que competir con su adicción día y noche. No puedo cambiar la situación, pero puedo traértela en oración. Pongo todo esto en tus manos fuertes y capaces, Padre celestial. Te pido que Tú cambies lo que yo no puedo cambiar.

71

Confiar en todo

Dios, ayúdame a construir mi casa sobre la Roca que es Cristo Jesús, no sobre arenas movedizas. Sé que en la duda no hay estabilidad. Quiero que mi esperanza sea firme y verdadera. Tú eres el Alfa y la Omega, el principio y el fin. Ayúdame a confiar en Ti en esto y en todo lo demás.

72
Buscar el contentamiento

Ayúdame a estar satisfecha con mucho o con poco. Mi cuenta bancaria no define quién soy ni el grado de felicidad de mi vida. Ya sea rica o pobre, ayúdame a honrarte y a darte gracias por lo que tengo (Filipenses 4.11-13, 19).

73

Sal y luz

Dios, me has llamado a ser sal y luz en tu mundo. Si abuso de las drogas, no puedo ser ninguna de las dos cosas. Quiero que mis conversaciones estén sazonadas con fervor por Ti. Quiero brillar como una luz para Ti en los lugares oscuros de este mundo. Incluso podría ayudar a otros a dejar las drogas. Por favor, sigue manteniéndome sobria para que pueda ser sal y luz, te lo ruego.

74

Dame consejo

Siento que necesito ayuda, Señor. No creo que pueda superar esto sin ayuda. Si hay algún amigo o consejero al que deba acudir, por favor, pon a esa persona en mi camino. Aclárame, te lo ruego, si debo asistir a un grupo de apoyo. Quiero sanar, Padre, y necesito ayuda.

75

Tú recoges mis lágrimas

Sé que Tú nunca te pierdes una lágrima que caiga por mi rostro, Señor. Las recoges todas. Oyes mi clamor por alivio. Un día no habrá más lágrimas. Un día correré y danzaré y disfrutaré de un cuerpo nuevo e impecable. Pasaré la eternidad en el cielo contigo. Mientras, recuérdame que Tú estás cerca. Toca mi frente cansada. Devuélveme la esperanza, te lo ruego.

76
Lenta para la ira

Señor, sé que la lengua puede ser algo positivo o negativo. Ayúdame a usar mis palabras de forma que te honre y glorifique en lugar de causar discusiones mezquinas. A Ti no te gusta oír a tus hijos pelearse por asuntos que a la larga no tienen importancia. Ayúdame a parecerme más a Jesús. Ayúdame a ser lenta para la ira.

77

No estoy indefensa

Jesús, libérame de estos sentimientos de impotencia. Quiero ser la persona que Tú me has llamado a ser, y quiero vivir bajo tu autoridad tal como Tú viviste bajo la del Padre mientras estuviste en este mundo. Perdóname por cualquier falta de obediencia, por cualquier deseo de elegir mi camino en lugar del tuyo, para que pueda cumplir tu promesa de que «el que cree en mí también hará las obras que yo hago y aun las hará mayores, porque yo vuelvo al Padre» (Juan 14.12 NVI).

Igual que María y Marta cuando esperaban que vinieras a sanar a Lázaro, yo me quedo sin saber qué decir cuando no apareces para rescatarme o darme lo que deseo. Recuérdame que Tú nunca llegas pronto ni tarde, sino siempre justo a tiempo. Lo que parece una decepción es solo un desvío que me llevará a algo más grande.

79

Convertir lo malo en bueno

Dios, en tu Palabra parece que siempre conviertes las cosas malas en buenas. Derribaste a Saulo en el camino de Damasco para levantarlo como un gran líder. Trajiste un diluvio, pero cuando terminó, hiciste del mundo un lugar mejor. Usa este dolor, este momento difícil. Crea algo nuevo aquí, y haz que yo lo vea y lo valore.

80

Canta una nueva canción

No me imagino cantando. Apenas puedo ducharme y ocuparme de las tareas del día. Pero tengo fe en Ti, Señor. Un día estaré al otro lado de la depresión y cantaré una nueva canción. Contaré cómo me sanaste y me levantaste. Cantaré un cántico nuevo y será de gran alegría y liberación (Salmos 40.1-3).

81

No me salgo con la mía

Recuérdame, Dios, que eres Tú el que da todo lo bueno. Tú no retienes nada bueno a tus hijos a quienes amas. A veces siento que no me das lo que quiero o necesito. Me enojo contigo aunque me siento terriblemente culpable por ese enfado. Por favor, perdóname y muéstrame cómo confiar en Ti incluso cuando no me salgo con la mía.

82

Límites saludables

Padre celestial, oigo hablar de límites, pero ni siquiera sé cómo serían en mi mundo. Estoy constantemente haciendo todo por todos, tratando de complacer, tratando de mantener la paz. Sé que esto no es sano. Enséñame dónde tengo que poner límites sanos, Padre. Dame la oportunidad de cuidar de mí misma para tener algo que dar a los demás.

83

Cuando fallo

Mi caída me lleva al arrepentimiento. Acudo a Ti cuando fallo. Te busco a Ti. Cuando dices que haces que todas las cosas ayudan a bien a los que te aman, creo que eso incluye nuestros fallos. Si fuera siempre una ganadora, no confiaría tanto en Ti. Cuando fallo caigo en tus brazos. Siempre estás ahí, firme y fiel.

84

Sáname

Padre, Tú curaste a los ciegos y a los cojos e incluso a los leprosos. Sé que también puedes sanarme a mí. Por mucho tiempo no me vi como una enferma, pero ahora empiezo a hacerlo. Esto es una enfermedad. Necesito tu intervención divina. Necesito que te presentes como el Gran Médico en mi vida.

85

Heridos que hieren

Padre Celestial, te pido en este momento por los que me han hecho daño. Traigo sus nombres ante tu trono. Tal vez realmente «no saben lo que hacen». Sé que se sabe que la gente herida hace daño a otros. Por favor, sana las heridas de sus almas. Por favor, úsame como representante de tu gracia y generosidad.

86

Un tiempo para cada cosa

Todo tiene su momento oportuno; hay tiempo para todo lo que se hace bajo el cielo (Eclesiastés 3.1). Sé que este cambio no es una sorpresa para Ti, Señor. Tú ves todas las piezas que componen el puzle de mi vida. Yo solo puedo ver una pieza a la vez. Tú ves cómo esta «nueva normalidad» me va a acercar más a Ti y cómo me va a desafiar y a darme forma. Por favor, permite que este cambio en mi vida te dé gloria, como todo debería dártela. Te amo, Señor.

87

Dios está de mi lado

Sé que estás de mi lado, Señor. Quieres que sea una persona completa. Quieres que confíe en Ti para que pueda recibir tus bendiciones. Tú quieres darme la capacidad de caminar en tu gracia y envolverme en tu amor. Tú eres el Creador del mundo. ¡No hay nada demasiado difícil para Ti!

88

Herida y maltratada

Jesús, alguien me hizo daño. Ya lo has visto. Tú estabas allí. ¿Por qué no debería guardar rencor? Me han herido y maltratado. ¿Entiendes? Tú también fuiste agraviado. Fuiste tratado injustamente. Tu corazón no se endureció ni siquiera cuando los soldados pusieron vinagre en tus labios resecos mientras colgabas agonizante en la cruz. Le pediste al Padre que los perdonara. Dame un poco de esa fuerza, mi Salvador, para que pueda perdonar a quienes han obrado injustamente conmigo.

89

Jesús para otros

Recuérdame, Padre, que puedo ser el único Jesús que algunos verán. Por favor, ayúdame a ser un ejemplo amoroso de lo que significa ser cristiano. Veo a cristianos que discuten por Cristo de una manera airada y amarga. No creo que sea eso lo que Tú quieres. De hecho, sé que no lo es.

90

Sígueme

El salmista escribió que Tú vas delante de mí en mi camino, y también detrás. Eso significa que Tú me estabas esperando allí, en medio de lo que a mí me parecía un terrible accidente, y ahora que ya ha pasado, Tú sigues aquí conmigo, ayudándome a recoger los pedazos. Ayúdame a estar dispuesta a sacar algo nuevo de este desastre, con tu ayuda.

91

Decepción

Dios, no soy la única decepcionada. Cuando miro la Biblia, veo una persona tras otra que esperaba algo y luego se sintió decepcionada. Abraham, Moisés, David, los profetas, todos ellos aprendieron que la decepción es solo temporal. Lo que ahora, desde mi perspectiva, parece una pérdida un día se verá que era el siguiente paso hacia algo increíble que Tú estabas haciendo todo el tiempo.

92

Duelo persistente

El tiempo pasa, Señor, pero mi dolor sigue aquí. Sé que los demás ya no saben cómo ayudarme. Quieren que termine con este proceso de duelo. Quieren que siga adelante y sea la persona que solía ser. Pero no he terminado con el duelo. Nunca terminaré de llorar a mi hijo. No puedo seguir adelante, porque hacerlo significaría dejar atrás a mi hijo. Nunca volveré a ser la persona que una vez fui. Imposible. Pero, Señor, sé que aún tienes un propósito para mí. Por favor, revélame ese propósito. Usa este dolor para convertirme en un nuevo instrumento de tu amor. Que mi vida sea un monumento vivo a mi hijo. Más aún, que sea lo que Tú quieres que sea. Dame fuerzas para poner mi dolor en tus manos.

93

De la perseverancia a la entereza

Jesús, no sé cómo obedecer al apóstol Pablo cuando nos dice que nos regocijemos en nuestros sufrimientos. Sin embargo, esperaré en Ti, creyendo que de alguna manera este sufrimiento producirá perseverancia... y la perseverancia producirá entereza de carácter...y de ahí crecerá la esperanza, una esperanza que nunca se verá defraudada. Gracias por derramar tu amor en mi corazón a través del Espíritu Santo (Romanos 5.3-5).

94

Parte del plan de Dios

Padre, sé que hay un tiempo para todo. Tu Palabra lo dice. No entiendo cómo esto puede ser parte de tu plan, pero te ruego que uses incluso esto para tu gloria. Que en el futuro pueda mirar atrás y ver cómo tu mano actuó en mi vida a pesar de que fue un momento muy difícil.

95

Rendición verdadera

Cuando sienta ansiedad, te ruego que me recuerdes que debo echar mis preocupaciones sobre Ti, Jesús. Pídeme que lo haga. Dime que las eche. Eso significa librarme de ellas. Significa arrojarlas con todas mis fuerzas a tus pies. Ayúdame a rendirme verdaderamente a Ti, Señor.

96

Traición a una amiga

Señor, traicioné a mi amiga. Compartí información que debí guardar en privado. Me he hecho desmerecedora de su confianza. Que mi amiga lo sepa o no, no importa. Me siento culpable por dentro. Por favor, perdóname por ser una persona chismosa. En el momento, sienta bien ser la que sabe las cosas. Después, me entristece no haber sido fiel a mi amiga. «La gente chismosa revela los secretos; la gente confiable es discreta» (Proverbios 11.13).

97

La sombra de la muerte

El valle de sombra de muerte nunca pareció tan real como hoy. No temeré. Tú estás aquí conmigo, tal como lo prometiste. Tú me proteges. Me reconfortas. Habitaré para siempre en la casa de mi Señor (Salmos 23).

98

En busca de los solitarios

Ayúdame, Señor, a tender la mano a quienes puedan sentirse solos hoy. A menudo me ayuda hacer algo por los demás. Siempre hay alguien que está peor que yo, alguien a quien puedo ayudar, alguien que necesita una amiga. Muéstrame las oportunidades que Tú tienes para que yo sea una luz hoy.

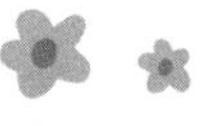

99

Tomar decisiones para mis padres

Padre, no siempre es fácil saber qué hacer. Quiero que mis padres disfruten de su independencia todo el tiempo que puedan. Pero siento miedo cuando ocurren cosas que podrían poner en peligro su seguridad. Al tomar decisiones difíciles para mis padres ancianos, por favor, guíame y dame sabiduría.

100

La batalla correcta

Pienso en el joven David con su honda. Pudo matar al gigante no por su propia fuerza o pericia, sino porque su confianza estaba en Ti, Dios. Estaba librando la batalla correcta. Estaba en el lado correcto. Tenme cerca de Ti. No quiero estar en este frente de batalla sin tenerte a mi lado como mi oficial al mando.

101

Cuidar de mí

Señor, gracias por recordarme por medio de amigos y seres queridos que debo cuidarme. Hay otros que me necesitan. Como Tú. No puedo desconectarme de todo por esto. Debo confiar en que Tú me ayudarás a salir adelante, igual que me has ayudado a hacerlo en otros momentos difíciles. Esto parece demasiado grande, pero nada es demasiado grande para mi Dios.

102

Hacia la plenitud

Jesús, esta prueba parece más un callejón sin salida que un bache en el camino. Estoy muy desilusionada. Sin embargo, sé que esta prueba fortalecerá mi fe y me infundirá perseverancia, me ayudará a ser perfecta e íntegra (Santiago 1.2-4). Por favor, usa incluso las decepciones de mi vida para hacer que me parezca más a Ti.

103

Afrontar la cirugía

Señor, mi ser querido se enfrenta a una cirugía. Sé Tú su paz ahora mismo, fortalece su cuerpo y prepara su mente y su espíritu. Da a sus doctores la mayor habilidad posible y guía el resultado hacia el mejor fin. Te ruego que le ayudes a recuperarse pronto y a estar mejor gracias a esta operación. Gracias, Señor, por mi ser querido. Te lo presento en el nombre de Jesús.

104

Resolución de conflictos

Dios, Tú quieres que tus hijos vivan en paz unos con otros. Nos dices que no dejemos que se ponga el sol sobre nuestro enojo. Cuando me voy a dormir, me encuentro dándole vueltas a una situación, y en cuanto me despierto me veo retomándola justo donde la dejé. Sé que esta no es tu voluntad para mí. Ayúdame a valorar mejor mis relaciones y a resolver rápidamente los conflictos.

105

Sin miedo

Dios, Tú eres mi refugio y mi fortaleza, mi segura ayuda en momentos de angustia (Salmos 46.1-2). Por eso, elijo no temer, pase lo que pase. Ni las peores situaciones harán que me desmorone. Tú tienes el control. Tú harás que todas las cosas me ayuden a bien.

106

Fortalecer mi familia

La familia es un regalo. Ayúdanos a recordarlo durante todo el año, no solo en ocasiones especiales como cumpleaños y Navidad. Ayúdanos a ser más amables los unos con los otros, Señor. No quiero mirar atrás en los próximos años y ver una familia destrozada por las tensiones diarias. Quiero que nuestra familia sea fuerte. Ayúdame a hacer lo que debo como mujer de este hogar para contribuir a que volvamos a ser una familia fuerte.

107

El primero en disculparse

Proverbios advierte contra la ira. Dice que no trae más que problemas. Por favor, Señor, ayúdame a tener la fuerza para alejarme de las discusiones. Soy una persona imperfecta y no siempre lo conseguiré. Dame en esos casos la sabiduría y la paciencia para afrontar el resultado. Dame la humildad de ser la primera en disculparme y enmendarme.

108

Corona en vez de cenizas

Señor, Tú viste a Pablo cuando miraste a Saulo. Haces renacer la belleza de las cenizas. A veces me pregunto cómo pudiste amarme a mí. A veces ni siquiera yo me amo a mí misma. Ayúdame hoy a ver las mentiras que otros me han dicho sobre mí como lo que son: mentiras. Recuérdame la verdad de que fui creada a tu imagen y semejanza y que Tú tienes grandes planes para mi futuro.

109

Fe en lo intangible

Padre, quiero tener fe como los hombres y mujeres de los que leo en la Biblia. A menudo, solo confío en lo que puedo ver delante de mí. Me doy cuenta de que Tú me llamas a tener fe en aquello que aún no he visto (Hebreos 11.1). En realidad, si solo creo en lo palpable, eso no es fe. Debo confiar en las cosas invisibles. A mi alrededor hay pruebas de que Tú existes. Ayúdame a contar mis bendiciones y a construir altares a lo largo del camino para que pueda recordar las veces que Tú me ayudaste (Génesis 35.3).

110

Obra como Tú elijas, Señor

Dios, enséñame a orar al pasar por esta enfermedad. Sé que no siempre respondes a nuestras oraciones como quisiéramos. Sé que nuestras perspectivas son a menudo demasiado limitadas para comprender qué es lo que más necesitamos. Sin embargo, creo que Tú siempre escuchas mis oraciones. Nunca me ignoras. Mis oraciones siem pre me conectan contigo, y abren un espacio en el que Tú puedes obrar en mí. Por favor, obra en mí, Señor. Hazlo como Tú elijas. Esta es mi oración.

111

Estoy enojada y dolida

Dios, he luchado para perdonar a ciertas personas. Me he inventado todo tipo de justificaciones para no hacerlo, pero al final, solo estoy enojada y dolida. Sin embargo, puedo sentir cómo mi dolor crece en mí como cizaña, y necesito tu ayuda para arrancarlo de raíz. Sé que eso empieza con que yo perdone a los que me han lastimado. Siento haber olvidado todo lo que Tú me has perdonado. El perdón se basa en tu carácter y en la obra redentora de Cristo en la cruz. Dejo allí mi rabia y mi dolor. Llena Tú el vacío con tu gracia, misericordia y perdón, para que pueda extender a otros lo que Tú me diste primero.

112

Días especiales

Oh Dios, ya no puedo enfrentarme al calendario. aniversarios, san Valentín, cumpleaños, Navidad... todos traen recuerdos y nuevo dolor. Extraño a mi cónyuge de nuevas maneras con el paso del tiempo. No puedo evitar pensar: *El año pasado por estas fechas, estábamos...* Y me duele el paso del tiempo, porque cada día me aleja más de los días que compartí con mi cónyuge. Señor, te entrego mis días a Ti. Quiero buscarte a Ti cada día, incluso en los más dolorosos.

113

Amor en todo momento

Dios, tu Palabra subraya el amor una y otra vez. En 1 Corintios leemos que es incluso mayor que la esperanza y la paz. Por favor, ayúdame a mostrar amor a los demás. No quiero tener un espíritu contencioso. Por favor, ayúdame a ser amable y afectuosa en todo momento, incluso cuando las cosas no salen como yo quiero.

114

Siempre amada

Tú eres un Padre bueno, muy bueno, y me amas. Cuando tenga miedo de otras personas o circunstancias, recuérdame tu bondad. Cuando sienta que no puedo afrontar el futuro, recuérdame que soy tu hija amada. Tú siempre eres bueno, y siempre me amas. Voy a estar bien.

115

La batalla es del Señor

Me encanta el versículo bíblico que dice que la batalla es del Señor. Mi batalla no es con armas ni contra un gran ejército, ¡pero parece igual de desafiante! Libro una batalla para amarme a mí misma y perdonar a los que me han hecho daño. Lucho contra ello todos los días. Estoy agradecida porque la batalla es tuya, Jesús. Yo sola no puedo.

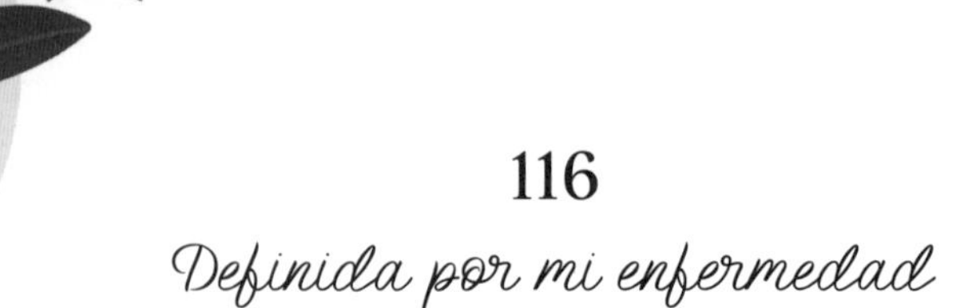

116

Definida por mi enfermedad

Padre celestial, esta enfermedad ha comenzado a definirme. Quiero que mi identidad esté en Jesucristo y no en mi enfermedad. Por favor, recuérdame que soy una hija amada del Rey, salvada por gracia mediante la fe en el Mesías. No soy solo una enferma confinada en casa. No dejaré que Satanás me convenza de que solo soy una carga y que los demás estarían mejor si yo no estuviera aquí. Poseo valía y dignidad porque formo parte de la familia de Dios.

117

Dinero malgastado

Dios, no he sido sabia con mi dinero. Tú sabes que he malgastado dinero en cosas que no te honraban. En mis pasos adelante, ayúdame a tomar mejores decisiones. Quiero hacerlo mejor y honrarte con mis gastos. Tú eres el dador de todos los buenos dones. Dame autocontrol para usar mi dinero de manera que promueva tu reino y no lo malgaste en cosas del mundo.

118

Agotada

Dios, estoy agotada. Han estado sucediendo muchas cosas que demandan mi cuidado y atención, pero de alguna manera dejé que mis ocupaciones dejaran de lado mi necesidad de Ti. No es de extrañar que esté tan frustrada y débil. Pero aquí estoy, levantándome. Te necesito, Señor. Tu gracia me basta. Sé que Tú me darás lo que necesito —el descanso, la sabiduría, la voluntad— para seguir buscándote mientras la vida sigue su curso.

119

Crezco con cada nueva prueba

Tú eres el Señor del universo. Creaste mundos de la nada. Tú me formaste en el seno de mi madre y me hiciste nacer. Has estado conmigo en todos los retos a los que me he enfrentado, desde que nací. Con cada nueva prueba, he crecido. Te has revelado de nuevas maneras a lo largo de mi vida. Ahora estoy esperando a ver qué harás a continuación.

120

La muerte de las esperanzas

Hoy estoy de luto, Señor, de luto por la pérdida de compañía en mi vida, por la muerte de las esperanzas, por las promesas rotas y por los planes que nunca se cumplirán. Me asusta este dolor. Temo que nunca podré recuperarme de esta herida. Dame valor para hacer duelo por mi matrimonio. Dame fuerzas para ponerlo en tus manos de amor y dejarlo en ellas. Devuélveme la esperanza. Sana mi corazón, te lo ruego.

121

Aún tengo dudas

Dios, Tú sabes que aún tengo dudas. Pero, a pesar de mis dudas, afirmo que ni la muerte ni la vida, ni los ángeles ni los demonios, ni lo presente ni lo por venir, ni los poderes, ni lo alto ni lo profundo; de hecho, ¡nada en absoluto podrá separarme jamás de tu amor (Romanos 8.38-39)!

122

Tratar la falta de veracidad

Amado Señor, odio admitir esto, pero no siempre me resulta fácil decir la verdad. De mi boca salen pequeñas mentiras con demasiada facilidad. Ni siquiera son premeditadas. Me digo a mí misma que no importan. Al fin y al cabo, no miento sobre *grandes* cosas. Solo miento sobre cosas triviales, para hacerme la vida más fácil, para suavizar situaciones incómodas, para salirme con la mía sin molestar a nadie. Señor Jesús, recuérdame que Tú eres la verdad. Enséñame que la mentira daña tu Espíritu. Ayúdame a amar la verdad.

123

El Señor proveerá

Señor, Tú eres *Jehová Jiré* (el Señor proveerá). Tú le proporcionaste un carnero a Abraham para que lo sacrificara en lugar de su amado hijo Isaac. Proveíste justo en el momento en que se necesitaba un sacrificio. Gracias por la seguridad de que también proveerás para mis necesidades. Puedo confiar en Ti toda mi vida, en cada etapa, en cada encrucijada. Confiaré en mi Proveedor.

124

Dejar atrás los remordimientos

Si confieso mis pecados, Tú eres fiel para perdonarme y limpiarme de toda maldad (1 Juan 1.9). No tengo que vivir con remordimientos. Esa es una carga que Tú deseas que ponga a tus pies. Ayúdame a hacer precisamente eso, Dios, y dame la fuerza para seguir adelante en lugar de retomar esa carga de nuevo.

125

Él usa el quebrantamiento

Dios, Tú usas vasijas rotas. Usas familias rotas. Las familias de la Biblia distaban mucho de ser perfectas. Haz que mi familia rota sea útil para tu reino, Dios. Haz que pensemos cuánto mejor sería emplear nuestra pasión en difundir el evangelio y no en pelearnos entre nosotros. Llevamos tanto tiempo enojados que no estoy segura de que ninguno de nosotros recuerde siquiera cómo empezó todo. Perdónanos, Dios. Cámbianos. Úsanos, te lo ruego.

126

Superar el divorcio

Dios, ayúdame a no amargarme por este divorcio. Sé que la amargura puede crecer e infectarse en mi corazón y que tiene el potencial de arruinar mi vida. He visto cómo otros permitieron que eso ocurriera, y no quiero ser como ellos: no quiero estar hablando de esto durante años. Dame fuerzas para hacer el duelo adecuado y luego seguir adelante. Gracias, Padre.

127

Fuerza de carácter

Jesús, el apóstol Pablo me dice que me alegre en el sufrimiento. Debo creer que de algún modo este sufrimiento producirá perseverancia... y la perseverancia producirá entereza de carácter... y de ahí crecerá la esperanza, una esperanza que nunca defrauda. Gracias por llenarme de tu Espíritu Santo (Romanos 5.3-5).

128

El perdón día a día

Un día después de otro, Señor. Ayúdame a perdonar y olvidar y a tomarme los días de uno en uno. Ayúdame a recordar que no hay nada que toque mi vida si antes no ha pasado por el filtro de tus dedos. Si Tú me has permitido pasar por una prueba, hay una razón para ello. Por favor, no dejes que me amargue contra Ti, mi Dios amoroso y fiel.

129

Un Dios empático

A veces, Dios mío, me produce cierto consuelo saber que Tú también perdiste a tu Hijo. Lo viste clavado en una cruz y sufriendo una muerte terrible que no merecía. Lo entregaste voluntariamente por nosotros. Puedo confiar en Ti porque tu consuelo no es solo simpatía, sino empatía. Tú también has enterrado a un hijo.

130

Dios cuenta nuestros días

No viene nada a mí que Tú no hayas permitido, Dios. Incluso esta profunda pérdida de mi padre la ordenaste Tú. Tu Palabra dice que Tú has ordenado cada día que vivimos. Tú les pones número. Mi padre vivió el número exacto de días que Tú estableciste. Eso me reconforta. Me recuerda que Tú tienes el control e incluso ahora, cuando nada parece ir bien, Tú mantienes las cosas en su sitio y seguirás haciéndolo.

131
Miedo al fracaso

A veces me niego a intentarlo porque temo fracasar. Solía hacerlo de niña y pensé que lo superaría, pero no ha sido así. En lugar de evitar un deporte o una actividad, ahora evito cosas más importantes, como las relaciones y las solicitudes de trabajo. Dame confianza, Padre, y fortalece mi espíritu para que esté bien aunque fracase.

132

Perder una amistad

Estoy de luto por la pérdida de una amistad, Señor. Recuerdo cuando esta amistad era alegre y divertida, algo positivo en mi vida. Pero eso fue hace mucho tiempo. Me has mostrado claramente que era el momento de alejarme. Sé que terminar esta relación era lo mejor para mí. Pero eso no me quita la tristeza que siento. Es difícil dejar ir a alguien que amo.

133

¡Soy libre!

Gracias, Señor, por no contar mi pecado en mi contra. Gracias por dejarme blanca como la nieve al lavarme con la sangre de Jesús. No tengo por qué avergonzarme ni sentirme culpable. Jesús murió de una vez por todas. Como un quitamanchas sobrenatural, Él quitó mi culpa. ¡Aleluya! Soy libre.

134

Él venció

Esta no es mi casa. Este mundo está lleno de problemas, como la depresión. Pero Tú, Jesús, has vencido al mundo. Un día experimentaré una existencia en el cielo que no incluirá el dolor de la oscuridad ni este sentimiento enfermizo de desesperanza. Será un lugar de gran esperanza. De momento, hay problemas. Tú nos guiarás a través de ellos. Mantendré mis ojos puestos en Ti, y un día estaré completamente y para siempre libre de estos ataques de depresión. ¡Ese será un día glorioso (Juan 16.33)!

135

El Dios de lo imposible

Cuando empiece a dudar de Ti, Señor, tráeme a la memoria todas las veces que has respondido a mis oraciones. A veces esto me ayuda a mantener la calma y confiar en Ti incluso en medio de circunstancias que parecen imposibles. Tú eres el Dios de lo imposible. Tú eres fuerte y poderoso, soberano y fiel. Confío en Ti, Dios mío.

136

Pecado oculto

Vengo ante Ti con las manos y el corazón sucios. Sé que la paga del pecado es muerte. Me siento como si fuera una persona muerta que de alguna manera sigue caminando entre los vivos. Te confieso este pecado, Padre. *[Pon aquí el pecado o pecados que has estado ocultando a Dios].* Te pido que me perdones en el poderoso nombre de Jesús y me pongas en un nuevo rumbo para mi vida.

137

Una amiga inconstante

Señor, duele tener una amiga inconstante. Las traiciones pequeñas también dejan heridas. Hago planes con esta amiga, y ella sigue rompiéndolos en el último minuto. No se presenta. Llama para cancelar. Por favor, guíame para saber si debo seguir mostrando gracia o quizás alejarme un poco de esta persona. Necesito amigas con las que pueda contar.

138

El poder del amor

Tú enfatizaste muchas cosas en tus enseñanzas, Jesús, pero la más grande fue el amor. El amor es una fuerza poderosa capaz de cambiar un corazón. Tu amor cambió mi corazón. Úsame, te lo ruego, para ser hoy un ejemplo vivo de amor incondicional a los demás, sobre todo a los que son mis enemigos.

139

Dios cuidará de mí

Dios, igual que cuidas de los lirios del campo y de las aves del cielo, cuidarás de mí. Conoces mis necesidades. No tengo que apurarme ni preocuparme más de lo necesario por el dinero. Simplemente tengo que dejarte esta carga y confiar en Ti. Tú me has ayudado antes y lo harás esta vez. Te doy gracias por cuidar tan bien de mí (Mateo 6.28-33).

140

El cambio como parte del plan de Dios

Tú conoces los planes que tienes para mí, soberano Dios. Tus planes nunca son para causarme daño, sino siempre para darme esperanza. Me tienes reservado un futuro bueno (Jeremías 29.11). Ayúdame a ver este cambio solo como una parte del plan. Gracias por asegurarme que Tú todavía tienes el control, incluso cuando las cosas parecen un poco fuera de control en mi pequeño mundo.

141

Depositar el deseo

Padre Celestial, te entrego este anhelo. Dejo a un lado el deseo. Estoy cansada de esta carga. Estoy cansada. Ya no puedo soportarlo sola. Necesito que me ayudes. Necesito que Tú calmes mi espíritu y seques mis lágrimas. Estoy triste y frustrada, pero aun así, te alabaré, mi Creador y Sustentador.

142

Cálmame

Soberano Dios, mi mente está acelerada. Por favor, frena mis pensamientos y trae la calma sobre mí. Mientras sigo aquí en la cama, por favor haz que mi respiración se acompase con el ritmo de tu espíritu. Permíteme sentir tu cercanía. Trae a mi mente todas las veces que me has protegido y bendecido en el pasado. Sé que no tengo nada que temer porque Tú velas por mí.

143

El gran Médico

Tú eres el gran Médico, Padre. Tanto si decides sanarme en esta vida como si esperas a que esté en el cielo con un cuerpo nuevo, yo confío en Ti. Sé que usarás esta área de mi vida para acercarme más a Ti. Mi fe es más fuerte porque debo mirarte cada día. Acércame a Ti y recuérdame que Tú eres mi confianza.

144

Dios me abraza

Me avergüenzo al presentarme ante Ti. Lo lamento profundamente. No puedo ni levantar la cara hacia el cielo. No he actuado como debía. He traído desgracia a tu santo nombre. Mis maldades se han amontonado hasta cubrirme por completo, y mi culpa ha llegado hasta el cielo (Esdras 9.6). Sin embargo, sé que cuando expongo mi vergüenza ante Ti, Tú vienes hasta mí y me abrazas. Me llamas tuyo. Eres un Padre bueno, muy bueno, y me amas.

145

Soportar pérdidas profundas

Amado Señor, sufro el duelo por una pérdida de hace mucho tiempo. Regresa a mí en ciertas estaciones del año. Me veo sorprendida por una situación o una frase. Y me siento transportada a otra época y lugar. Siento la pérdida y el dolor tanto como entonces. Consuélame con tu Espíritu Santo, te lo ruego. Es una pérdida profunda, y no debo tratar de quitarle importancia. Debo reconocer el dolor para que Tú puedas darme un bálsamo sanador para mi alma.

146

Cuando la muerte llama a la puerta

Dios, es fácil decir que una no teme a la muerte… hasta que llama a la puerta. Sé que me acerco cada vez más al momento en que daré mi último suspiro. Por favor, asegúrame que, aunque la muerte es «el último enemigo», Tú ya la has vencido. Voy a vivir para siempre contigo en el cielo.

147

Orar por puertas abiertas

Gracias, Dios, porque en tu Palabra prometes que no negarás ningún don bueno y perfecto a los que caminan contigo (Salmos 84.11). Mis emociones me están quitando lo mejor de mí últimamente. Empiezo a creer, a veces, que no quieres que sea feliz. ¡Parece que me alejas de mis sueños! Sin embargo, sé que puedo confiar en cómo es tu corazón y que esto es solo una mentira que Satanás quiere que crea. Ayúdame a confiar en que Tú tienes el control y que, aunque hayas cerrado estas puertas, seguro que abrirás las puertas correctas que estás preparando para mí.

148
Orar por confianza

Dios, siento que debería pedirte perdón porque no confío en Ti. Tú eres el Creador del universo, Tú me has creado. Lo creo. Sé que, aunque solo veo en parte, Tú me conoces por completo. Sin embargo, ¿cómo es que no puedo confiar en que Tú conoces los planes que tienes para mí? Ayúdame a descansar y a creer que Tú me tienes reservado un futuro brillante, planes de esperanza y no de calamidad (Jeremías 29.11).

149

Sé hoy mi fuerza

Quiero volar como las águilas. Las observo, Dios. Alzan el vuelo y se elevan con gracia sobre la tierra. Quiero que mi espíritu vuelva a ser ligero y libre. Me siento impotente en esta situación. Yo soy débil, pero Tú eres fuerte. Sé Tú mi fuerza hoy. Te lo pido en el poderoso nombre de tu Hijo, Jesús.

150

Ansiedad nocturna

Me resulta difícil seguir adelante, Creador y Dios mío. Me quedo despierta por la noche, agobiada por la ansiedad. Cuando por fin se apodera el sueño de mí, las pesadillas lo perturban. Devuélveme la paz, te lo ruego. Enséñame a descansar una vez más a la sombra de tus alas. Sé que Tú no permites que me toque nada que no haya pasado primero por tus manos amorosas.

151

Reconstruir mi matrimonio

Le fallé a mi cónyuge, Dios mío. ¿Cómo puedo perdonarme a mí misma? ¿Cómo puedo esperar que vuelva a merecer su confianza? ¿Cómo puedo empezar a reconstruir lo que mis propias manos han roto? Te ruego que me des sabiduría, Señor. Muéstrame tu camino. Sáname, sana a mi cónyuge, sana nuestro matrimonio. Danos esperanza para el futuro.

152

El problema de los cotilleos

Dios, a menudo no me doy cuenta de que cuando presto oído a los cotilleos me hago parte del problema. Me interesa lo que se dice y poco a poco me atrae. Antes de darme cuenta, estoy comentando y haciendo suposiciones. A veces incluso transmito información, sin importar si sé o no sé que es exacta. Por favor, Padre, ayúdame a llamar a esto por su nombre: chismear. Esto no tiene cabida en mi vida. Por favor, ayúdame a darme cuenta antes de caer en eso y dame fuerzas para mantenerme al margen.

153

Menos estrés y más oración

Necesito tu ayuda con esto, Padre. Necesito que me ayudes a encontrar nuevas formas de afrontar las cosas, formas que me acerquen a Ti. Cuando me sienta abrumada por la vida, enséñame a hacer ejercicio, a cantar, a llamar a alguien por teléfono, a hacer algo creativo, a echarme una siesta. Sea lo que sea a lo que me lleves, sé Tú el centro. Usa mis sentimientos de estrés como el detonante que me dice: es hora de orar.

154

Guíame por senderos rectos

Enséñame, amoroso Creador, a confiar en Ti con todo mi corazón. Ayúdame a no depender de mi propio entendimiento. Sé que cuando busco tu guía en lugar de mis ideas, Tú me guías por caminos rectos. No quiero confiar en mi propia sabiduría. En cambio, elijo respetar tu Palabra; me alejaré de todo lo que me aleje de Ti. De esta forma, mi corazón estará en paz y la ansiedad ya no me robará la salud (Proverbios 3).

155

Simplemente amor

Señor, sé que no te importa la elocuencia con que expongo mi caso; si no hablo con amor, soy como un metal que resuena o un platillo que hace ruido. El amor al que Tú me llamas es paciente y bondadoso; no es envidioso ni presumido ni orgulloso, no se comporta con rudeza, no es egoísta, no se enoja fácilmente, no guarda rencor (1 Corintios 13.1-6). Enséñame a dejar de discutir, para simplemente amar.

156

Este problema es demasiado grande

El problema que me espera, Señor, es demasiado grande para mí. Me falla la confianza en mí misma. No puedo evitar comparar lo grande que es el problema con lo pequeña que es mi capacidad para afrontarlo. Mi fe vacila. Pero sé que cuando admito lo débil que soy, Tú tienes la oportunidad de revelar tu fuerza. El desafío que me espera mengua cuando lo comparo con tu inmensidad. Al final me doy cuenta de que mi percepción de los problemas que me esperan depende de mi perspectiva. Mantén mis ojos puestos en Ti y en tu poder.

157

Disfunción en una relación

Dios, una vez oí decir que una no obtiene un resultado diferente si sigue haciendo las mismas cosas una y otra vez. Me siento como atrapada en un mal sueño. Mi pareja y yo seguimos teniendo los mismos problemas, las mismas peleas, la misma relación disfuncional entre nosotros. Por favor, dame discernimiento para que pueda ver un nuevo camino. Estoy cansada de los mismos resultados de siempre.

158

Ayuda de otros

Dios, prepararon comidas, pero yo no podía comer. Se sentaron conmigo, pero yo no tenía palabras. No sé cómo han pasado las horas porque estoy entumecida. Pero te agradezco que hayan venido, estos siervos amorosos que han alimentado a mi familia y han hecho los recados y los arreglos necesarios. Te agradezco que vinieran. Hoy fueron tus manos y tus pies.

159

Cuando se pierden los sueños

Señor, Tú sabes que las cosas no han salido como yo quería. Tú veías el sueño mientras crecía dentro de mi corazón. Me viste hacerme ilusiones. Estabas allí mientras yo contenía la respiración, esperando esa respuesta que deseaba tan desesperadamente. Me pregunto por qué dejaste que todo se me escapara de las manos. Recuérdame que tus caminos son más altos que los míos (Isaías 55.8-9) y que Tú siempre tienes presente lo mejor para mí.

160

El corazón de un siervo

Jesús, Tú fuiste un líder siervo que incluso lavó los pies de sus discípulos. Por favor, dame un corazón de sierva. Si tengo que ayudar a mis padres con cosas como ducharlos o llevarlos al baño, haz que sepa cómo servirles y hacer que se sientan bien con la situación. Quiero que conserven su dignidad. Los amo mucho.

161

Soportar una temporada en soledad

Esta es una temporada solitaria para mí, Padre. Recuerdo una época en la que mi vida estaba llena de gente. Las cosas han cambiado. Me encuentro sola más a menudo. Utiliza esta temporada, Señor, para acercarme más a Ti. Haz que tenga comunión con mi Padre cuando estoy sola. Como cristiana, nunca estoy realmente sola, porque Tú siempre estás cerca. Tú estarás conmigo todos los días, hasta el fin del mundo (Mateo 28.20).

162

Hora de pasar página

Tengo el corazón desgarrado, Dios. Una parte de mí quiere quedarse, pero la otra sabe que es hora de salir de este lugar. Es difícil dar un paso hacia lo desconocido, pero sé que Tú vas conmigo. Por favor, prepara mi camino. Andaré en él. Elijo confiar en Ti en este paso, Padre.

163

Guía a mi hijo de vuelta, Señor

Padre celestial, mis hijos conocen tu voz. Les enseñé sobre Ti y los llevé a la iglesia. Conocen la Biblia y sus verdades. Tus ovejas conocen tu voz. Guía a estos pequeños de vuelta a tus caminos, Buen Pastor. Te pido que los llames. Oro para que te escuchen cuando los llamas.

164

No sé qué hacer

Dios, dame sabiduría. No siempre sé qué es lo mejor, y todo el mundo tiene una opinión diferente sobre cosas como la consejería y la medicación. Sé que necesito ayuda y admitirlo es ya un primer paso. Ayúdame a tener presencia de ánimo, incluso en mi depresión, para tomar las mejores decisiones que me ayuden a recuperarme.

165

Perdonarme a mí misma

Dios, sigo mirando atrás. Sé que me has perdonado, pero me cuesta perdonarme a mí misma. Este pecado parece mayor que otros. Parece algo por lo que debería pagar y seguir pagando el resto de mi vida. Ayúdame a aceptar que Jesús pagó la deuda de todos mis pecados y que soy perdonada y amada. Soy una nueva creación en Él.

166

Establecer límites

Me cuesta mucho establecer límites, Señor. Me siento culpable cada vez que intento trazar una línea a mi alrededor, cada vez que digo hasta acá y ya no más. Dame sabiduría para saber qué líneas hay que trazar, te lo ruego. Dame valor para poner límites y cumplirlos.

167

Centrada en mí misma

Dios de amor, me he dado cuenta de que soy más propensa a enojarme cuando estoy centrada en mí misma. Quiero tener el control y, cuando no lo tengo, hasta las cosas más pequeñas me alteran. Recuérdame que eres Tú quien tiene el control, no yo. Mi vida está en tus manos. No tengo por qué sentirme frustrada cuando las cosas no salen como quiero. En cambio, puedo esperar a ver qué cosa nueva harás Tú.

168

Escuchar su voz

Señor, conozco tu voz. Ayúdame a captar la voz de mi Maestro, mi Buen Pastor (Juan 10.27), y no las otras voces que me llaman. El mundo está lleno de placeres que acaban siendo desastres. Cada día hay una nueva promesa de un mayor subidón o vía de escape en las circunstancias que he estado viviendo. Ayúdame a escapar de esta peligrosa carrera de obstáculos y a cambiarla por los caminos rectos que Tú has preparado para mí.

169

Promesas de las Escrituras

Padre, gracias por tus promesas de la Biblia que puedo reclamar cuando paso por mis pruebas. Tú prometes que nunca me dejarás ni me abandonarás. Me aseguras que nada, absolutamente nada, me podrá apartar de tu amor (Romanos 8.38-39).

170

Lecciones aprendidas de mi mascota

Dios, gracias por darme mi mascota y permitirme aprender de este pequeñín tan especial. Parece una tontería decir que aprendí de una mascota, pero así fue. Gracias por las lecciones que aprendí al ser amada de una manera tan plena por un animal. Gracias por los recuerdos. Volvería a tenerla, aunque significara volver a sentir esta tristeza y esta pena.

171

Olas de dolor

Padre, gracias porque las olas del dolor son solo eso: olas. Gracias por tener misericordia y ocuparte de que haya momentos de alivio. Ahora mismo son pocos, pero llegan. Hay momentos en los que no lloro. Hay momentos en los que soy capaz de sonreír o pensar en otra cosa, aunque solo sea el tiempo suficiente para realizar una tarea cotidiana. Te doy gracias por esos momentos de alivio.

172

Quítame esta espina

Así como el apóstol Pablo oró para que Tú le quitaras la espina de su cuerpo, yo oro para que sea quitada de mi vida esta espina. Espero expectante a ver qué harás. O la quitas o continúas caminando junto a mí a través de esta adversidad, usándola para fortalecer mi fe. Confío en Ti, Señor, confío en que harás lo que es mejor para mí.

173

Cuando aparece la envidia

Sé que Tú no quieres que codicie lo que poseen los demás (Éxodo 20.17). Las envidias causan enojo y discusiones incluso entre hermanos cristianos. Ayúdame a celebrar con los demás cuando les suceden cosas buenas, en lugar de sentir celos o amargura hacia ellos. Quiero que mi corazón sea recto ante Ti y ante los hombres.

174

Una batalla espiritual

Dios, esta ansiedad me está agotando. Es una batalla espiritual, pero me está pasando también factura física. No puedo dormir ni comer bien. Estoy agotada. Sana mi mente y mi corazón. Quita el miedo y el pánico. Cámbialos por paz y calma. Anhelo descansar en Ti. Sé que no puedo hacerlo sola. Necesito que me ayudes a llegar a eso, Dios mío.

175

Orar por discernimiento

Padre, paso mucho tiempo tratando de decidir qué es lo bueno y qué es lo mejor. Estoy haciendo malabarismos con demasiadas cosas. Necesito tu discernimiento, tu sabiduría y tu perspectiva para determinar qué es lo mejor, es decir, lo que Tú quieres que haga ahora. Enséñame a decir no. Ayúdame a saber a qué debo renunciar y a qué debo aferrarme. Tú sabes lo que es mejor para mí y para la gente de mi vida.

176

Un tren de preocupaciones

Dios, mis pensamientos son un choque de trenes: un vagón tras otro lleno de preocupaciones, chocando todos entre sí. Sé que muchas de ellas son relativamente triviales, pero las pequeñas cosas que me preocupan se convierten en problemas mayores en el marco de las decisiones que he tomado o de las personas a las que esas decisiones han afectado. Pido tiempo muerto y vengo a Ti con todo esto. Tú te preocupas por todos los detalles de mi vida, y cuento con tu paz, que sobrepasa mi entendimiento, para mantener mi mente y mis pensamientos en Ti y no en mis preocupaciones (Filipenses 4.6-7).

177

Sacudida hasta la médula

Dios, te necesito. No puedo llegar al final de este día sin Ti. Cosas que antes me parecían fáciles y triviales ahora requieren toda mi capacidad mental para llevarlas a cabo. Todo mi mundo se ha tambaleado, y hasta me parece extraño que siga saliendo el sol y todo el mundo siga adelante como si nada. Ayúdame a superar cada día, Padre. Me siento inútil y creo que he perdido el control.

178

No soy un fracaso

El mundo puede llamarme fracaso, pero Tú lo ves de otra manera, Señor. Estoy en este mundo, pero no soy de él. Soy una extranjera aquí, pues mi verdadero hogar es el cielo. Si no tengo la cuenta bancaria más grande porque he dado con generosidad a otros, recuérdame que el dinero no es lo más importante. Si elijo quedarme en un lugar donde estoy haciendo impacto por el reino, recuérdame que esto te honra. No pasa nada por dejar pasar una oportunidad de ascenso o de cambio si estoy donde creo que debo estar. En el nombre de Jesús, pido confianza para hacer lo que es correcto, sin importar cómo lo vea el mundo.

179

Miedo a tonterías

Jesús, he tenido miedo. Estoy cansada de temer a tonterías, a cosas que están fuera de mi control. Tú me ofreces amablemente la paz: tu paz. Es una paz que el mundo no conoce y que no puede ofrecerme. Si simplemente recibo tu paz, sé que mi corazón no se inquietará ni tendrá miedo (Juan 14.27).

180

Sin embargo, confío en Ti

Dios, mi mundo parece haberse vuelto del revés.

Sin embargo, confío en Ti.

El momento no podría estar peor.

Sin embargo, confío en Ti.

Estoy abrumada por la emoción y el cansancio de hacer frente a estos hechos.

Sin embargo, confío en Ti.

181

Quiero cambiar

Señor, Tú sabes que quiero cambiar. Pero una y otra vez vuelvo a caer en los mismos comportamientos adictivos. Me desanimo mucho conmigo misma. Gracias, Señor, porque nunca te desanimas conmigo. Siempre estás esperando para darme una nueva oportunidad.

182

Redime mi vida

Estoy enferma, Señor, pero elijo bendecir tu nombre. Me siento discapacitada por esta enfermedad, pero te entrego todo lo que me queda por ofrecer. Sáname, Señor, si es tu voluntad. Redime mi vida de la destrucción. Corónamе con tu bondad y tu misericordia (Salmos 103.1-4).

183

Mentirme a mí misma

Padre, a veces no solo miento a los demás con mis palabras; también me miento a mí misma con mis pensamientos. Me critico injustamente. O me voy al otro extremo y me excuso con demasiada facilidad. Escondo las verdades desagradables para no verlas. Revela la verdad dentro de mí, Señor. Dame el valor de ser sincera también conmigo misma.

184

La dificultad de confiar

Cuando leo la Biblia, veo, Dios mío, que no soy la única que tuvo problemas para confiar. A muchos de los grandes héroes bíblicos también les costó confiar. Jonás, por ejemplo, terminó dentro de un gran pez porque no pudo confiar en lo que le mandaste. Padre, gracias porque nunca me abandonas, ni siquiera cuando me falta confianza en Ti. Incluso cuando me encuentro dentro del «gran pez» de la vida, Tú estás ahí conmigo. Y como hiciste con Jonás, me das otra oportunidad.

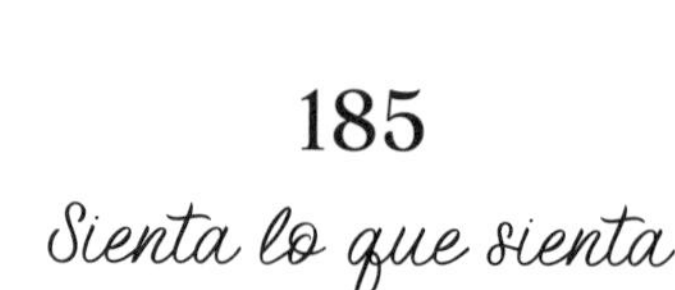

185

Sienta lo que sienta

Amado Jesús, siento muchas cosas al mismo tiempo. Estoy furiosa y triste, agotada y frustrada, confusa y aliviada. Algunos días no siento nada, solo insensibilidad. Otros días me invade la ansiedad por el futuro. Y luego están los días en los que no puedo parar de llorar. Gracias porque, sienta lo que sienta, Tú siempre estás conmigo. Me comprendes incluso cuando yo misma no me entiendo.

186

La ira que regresa

Jesús, trato de deshacerme de mi ira, pero sigue volviendo. Mi rabia es como una mancha oscura en una pared blanca. No importa cuántas veces intente pintar encima, sigo viendo su marca. Luego la pintura se desprende, y ahí está, tan oscura como siempre. Muéstrame cómo quitar la mancha antes de intentar pintar la pared. Muéstrame la fuente de mi ira. ¿Es porque estoy herida? ¿O tengo miedo? ¿O se está manifestando alguna reacción de mi infancia? ¿Soy celosa e insegura? ¿No tengo seguridad sobre mi propia valía en esta situación? Revélame la verdad, sea cual sea, y luego sáname, te lo ruego. Solo entonces podré apartarme verdaderamente de la ira.

187

Dios me libera

Señor, Tú bajaste de lo alto. Me sacaste de las profundas aguas de la depresión. Me libraste de mi poderoso enemigo, de esta depresión que era demasiado fuerte para que la superara yo sola. Cuando la calamidad parecía rodearme, Tú me mantuviste firme. Me llevaste a un lugar espacioso, un lugar de libertad y salud emocional. Me libraste, porque te agradaste de mí (2 Samuel 22.17-20).

188

El poder de Dios actúa de manera sorprendente

Señor, le dijiste al apóstol Pablo que tu gracia era lo único que necesitaba. Tu poder, le dijiste, se perfecciona en la debilidad (2 Corintios 12.9). Recuérdame que nunca desprecie ninguna forma de discapacidad como si fuera debilidad. Más bien, permíteme estar siempre abierta a tu poder, que obra de maneras sorprendentes.

189

Lecciones en la decepción

Señor, Tú sabes lo decepcionada que me siento ahora mismo. Recuérdame, Señor, que soy tu hija, y Tú tienes una lección que quieres que aprenda de todo esto. Ayúdame a no desanimarme. Sé que incluso esta decepción me llega a través de tu mano de amor, porque soy tu hija. Igual que mis padres tuvieron que decirme que no a veces, para que pudiera aprender, Tú también haces lo que es mejor para mí. Lo haces para que pueda parecerme cada vez más a Ti, para que pueda participar de tu plenitud. Esto no es divertido, Señor; de hecho, ¡duele! Pero creo que en el futuro recogeré una cosecha de paz y justicia gracias a la decepción que estoy sufriendo ahora (Hebreos 12.5-11).

190

Mi familia necesita paz

Tú ofreces una paz que el mundo simplemente no puede ofrecer. Es una paz que solo viene a través de caminar personalmente con tu Hijo, Dios mío. Es una paz que mi familia necesita desesperadamente. Por favor, bendícenos con esa paz que sobrepase todo entendimiento. Te lo pido en el poderoso nombre de Jesús.

191

Más días que dinero en el mes

Jesús, el dinero escasea. Parece que se acaba antes de que se acaben los días del mes. Por favor, toma lo que tengo y estíralo. Dame sabiduría con mis gastos y enséñame dónde puedo recortar. En definitiva, ayúdame a confiar en Ti con este dinero. De todas formas, todo es tuyo.

192

Elijo...

Algunos confían en carros o caballos. Yo confío en el nombre del Señor, mi Dios (Salmos 20.7). Elijo caminar en la fuerza de mi Salvador. Elijo descansar en mi Redentor. Elijo resistir gracias a Emanuel, Dios con nosotros. Dios ante mí. Dios conmigo. Dios a mi lado.

193

Pasado, presente y futuro

Dios, te entrego mi presente y mi futuro porque sé que Tú puedes manejarlos mejor de lo que yo jamás podría. En mi pasado has intervenido y has suplido todas mis necesidades. Has llenado mi vida de bendiciones. Ayúdame a confiar en Ti en aquello que desconozco, confiando en lo que sí sé: que Tú eres un Dios fiel.

194

Sanidad en el alma

Sé, Señor, que no siempre eliges sanar a los enfermos. A veces, pides a los enfermos que carguen con su enfermedad. Aun así, creo que Tú traes sanidad, la sanidad más profunda que llega a lo más hondo del alma de la persona y dura hasta la eternidad. Dios mío, te pido ese tipo de sanidad. Sabes que me gustaría poder librarme de esta enfermedad, aquí, ahora (¡ahora mismo!), en esta vida. Pero si en lugar de eso, Tú me sanas en otros aspectos, en cosas que necesito aún más, dame la fuerza para soportarlo.

195

Te entrego mi cuerpo, Señor

Dios, no permitas que el pecado reine en mi carne, en forma de drogas o cualquier otra cosa. No quiero someterme a nada que tenga que ver con el pecado. No quiero que mi cuerpo se use para nada que no sea tu justicia. Me entrego a Ti; de hecho, te entrego todo mi cuerpo para que lo utilices como instrumento tuyo. No quiero que el pecado se enseñoree de mí, porque sé que dispongo de tu gracia (Romanos 6.12-14).

196

Algo bueno por delante

Señor, recuérdame lo que es más importante. Sería fácil orar para que restauraras mis finanzas, pero en lugar de eso pido valor, confianza en mí misma y humildad: el valor, la confianza en mí misma y la humildad para empezar de nuevo; el valor, la confianza en mí misma y la humildad suficientes para afrontar la vergüenza que siento cuando los demás ven en qué situación me encuentro; y el valor, la confianza en mí misma y la humildad para creer que Tú todavía tienes algo bueno para mí en el futuro. Recuérdame que tu amor por mí no fluctúa, sea cual sea mi situación financiera.

197

El Espíritu de Dios en mis palabras

Quiero usar mis conversaciones solo para tu gloria, Señor. Recuérdame que procure bendecir a los demás con cada cosa que digo. Si de mí brotan discusiones y palabras amargas, ¿cómo puedo afirmar que estoy llena de tu Espíritu? Tu Palabra nos dice que una fuente amarga no puede dar agua dulce, ni una higuera puede dar aceitunas (Santiago 3.12). Limpia primero mi corazón, amado Dios, y luego mi boca y todas mis palabras, para que mi vida no esté llena de contradicciones.

198

Mi padre pelea por mí

Me has dado un espíritu de poder, de amor y de dominio propio (2 Timoteo 1.7). No estoy sola. Tú vienes conmigo a la batalla. La batalla no es mía. Es de mi Dios. Me niego a tener miedo. Invoco el poderoso nombre de Dios Todopoderoso para que me ayude a salir adelante. Gracias por luchar por mí, Señor.

199

Afrontar el presente con plena fe

Igual que Noé construyó un arca y reunió las parejas de animales cuando no había ni una nube de lluvia a la vista, yo afrontaré este día con plena fe en que Tú eres quien dices que eres. Tú eres el Dios del universo y estás de mi lado. Ayúdame a saber qué hacer con este obstáculo que se interpone en mi camino.